ANNUAIRE TÉLÉTRAVAIL
TRAVAILLE À DISTANCE
POUR LES DÉVELOPPEURS
WINDEV WEBDEV
INDÉPENDANTS

40 sites internet
indispensables et fiables

Tous droit réserver

ISBN : 978-2-37795-053-9

ALI DIAK

ISSACAR ÉDITION

© Issacar Edition, 2021 tous droits réservés.
Collection Télétravail Travail à distance.
ISBN : 978-2-37795-053-9
Dépôt Légal Avril 2021

LICENCE

Tous droits réservés de traduction, de reproduction et d'adaptation pour tous pays.

L'utilisation, la transmission, la modification, la reproduction, sont interdites. La rediffusion ou la vente de toutes les informations reproduites dans ce texte, ou partie de ce texte sur un support quel qu'il soit, sont interdites sans l'autorisation préalable et écrite du possesseur des droits. Excepté dans le cas de brèves citations et autres usages non-commerciaux autorisés par la loi sur le copyright.

Les sites et marques mentionnées dans ce livre le sont à titre purement informatif, sans intention de publicité ni de contrefaçon.

Ce livre n'est pas gratuit. Vous devez acheter une copie si vous avez obtenu ce livre par un tiers. Merci de respecter ainsi le travail de son auteur.

MENTION LÉGALE

La raison de ce manuscrit est de donner des informations et publier des sites internet pour rechercher des tâches de travail à distance. Ce ne sont pas les propres théories de l'auteur. Lors de l'écriture de ce support certaines décision ont été prises pour maintenir tenir les informations pertinentes et à jour. Il est probable d'avoir des sites internet en dysfonctionnement.

L'auteur et l'éditeur ne sont pas responsables d'usage du contenu de ce livre, des malentendus et des erreurs résultant de la lecture de ces informations. Pour toute information dans les domaines de votre activité, consultez des experts expérimentés dans les domaines concernés.

DÉDICACE

Je dédicace cet annuaire aux développeurs windev webdev windev mobile

J'apprécie :

* votre analyse des besoins techniques

* la rédaction des spécifications

* le développement des applications

* le développement d'écrans, d'API, et d'autres interfaces

* les Tests et maintenance évolutive

* la veille technologique quotidienne

Cet annuaire vous aidera dans l'expansion de votre société personnelle.

CONTACT

Email : issacar.edition@gmail.com

Site Internet : http://issacaredition.com/

PRÉFACE

Changer de vie professionnelle ou tout simplement démarrer ses activités de travail à domicile doit répondre à certains critères. Bien souvent, le premier de ces critères est de ne pas avoir à apporter un capital. En effet, à moins d'avoir une idée de génie qui fonctionnera à coup sûr, devoir faire un investissement dans une activité est un risque qui peut facilement se transformer en perte brute.

Si vous désirez vous lancer dans le travail à domicile vous devrez vous orienter en priorité vers des activités simples ne réclamant pas de prendre un pari sur leur réussite.

Ne vous affolez toutefois pas, il existe de nombreuses activités à domicile qui ne nécessitent pas d'investissement particulier et qui vous rapporteront de l'argent dès le début. Bien entendu il vous faudra un ordinateur et une connexion à internet.

Cependant, l'obstacle est que d'innombrables citoyens ne sont pas au courant de comment dénicher des prestations en télétravail.

À l'aide de cet œuvre sous forme d'annuaire, vous serez informé aussitôt, qu'est-ce que le télétravail ou travail à distance les avantages et inconvénients, l'environnement, quelques conseils...Etc. Ce livre convient en fait à tout travailleur indépendant souhaitant de trouver des missions en télétravail.

SOMMAIRE

I. DÉFINITION DE TRAVAILLE À DISTANCE

Le télétravail est une organisation du travail par laquelle le salarié exécute régulièrement les fonctions qu'il exerce ou pourrait exercer dans les locaux de l'entreprise. En dehors de ceux-ci, le télétravail se fait aussi soit sans rattachement à un lieu précis. Il se fait en utilisant de manière systématique les technologies de l'information, au moins une journée par semaine.

II.   QUELS SONT LES AVANTAGES ET LES INCONVÉNIENTS DU TRAVAIL À DISTANCE ?

Les principaux avantages et inconvénients du télétravail.

Les avantages :

- Une santé optimisée.

- Un bien-être absolu.

- Une approche de vie plus positive.

- Renforcement de la condition physique.

- Un esprit plus performant.

- Une alimentation plus saine.

- Un gain d'efficacité.

- Un gain de temps précieux.

- Bien-être amélioré.

- Motivation pour des initiatives personnelles

- Réduction des déplacements.

- Motivation renforcée.

- Davantage d'impact sur la carrière.

- Focus sur les missions à réaliser.

- Plus de temps de sommeil.

- Revenus plus élevés

- Horaires de travail variables.

- Plus de restrictions vestimentaires.

- Travail de manière nomade.

- Vous pouvez résider où bon vous semble.

- Indépendance totale.

- Réduction des déplacements.

- Liberté individuelle.

- Liberté de décision illimitée.

- Rémunération stable et identique.

- Complètement indépendant.

- Financièrement indépendant.

- Vous choisissez vos partenaires.

- Vous décidez avec qui vous souhaitez collaborer.

- Vous décidez où concentrer vos efforts.

- Vous bénéficierez d'une autonomie totale.

- Plus de moments en famille.

- Vous n'aurez pas à déménager pour le travail.

- Réduction des frais de déplacement.

- Gain financier plus important.

- Réalisation de vos projets.

- Voyages à l'échelle mondiale.

- Cadre de vie plus agréable.

- Moins de sources de distraction.

- Possibilité de pauses plus longues

- Baisse du niveau de stress.

- Meilleure concentration sur le travail

Les inconvénients :

- Contrôle du stress plus complexe.

- Risque plus élevé de solitude.

- Manque d'organisation personnelle.

- Difficultés à se maîtriser.

- Risque accru d'isolement social.

- La difficulté à dissocier le professionnel et le personnel.

- Tentés de travailler au-delà des horaires de bureau.

- Détérioration de la culture d'entreprise.

- Difficultés dans le travail d'équipe.

- La rupture dans la communication avec les collaborateurs.

- Problèmes de sécurité des données professionnelles depuis le domicile.

- Tensions et difficultés dans le travail collectif.

- Difficulté à communiquer et à collaborer efficacement avec ses collègues.

- Dysfonctionnements technologiques possibles.

- Charge de travail et niveau d'exigence particulièrement élevés.

- Obligation de payer tous les frais liés au télétravail.

- Utilisation intensive de l'informatique.

- Surcharge de travail.

- Le potentiel de mal utiliser votre temps.

- Présence moins marquée auprès de vos collaborateurs.

- Moins de réunions en face-à-face.

- Échanges moins fréquents.

III. QUEL EST L'ENVIRONNEMENT POUR TRAVAILLER À DISTANCE

- Prendre un endroit ou une pièce confortable pour se concentrer.

- Aménager une pièce dédiée au travail.

- Si vous devez vous déplacer régulièrement, ayez un sac de rangement.

- Raccordez un parasurtenseur à vos matériaux informatiques.

- Ayez du matériel et des logiciels de qualité.

- Sécurisez vos données avec un antivirus à jour et des analyses régulières.

- Installez un pare-feu pour protéger les informations importantes.

- Avoir un meuble verrouillé.

- Ajoutez une touche personnelle, comme une bougie ou une photo, pour vous motiver.

- Aménagez votre bureau avec un éclairage approprié pour vous sentir bien toute la journée.

- Misez sur une décoration et un mobilier agréable afin de faire de votre bureau un endroit accueillant.

- Ajoutez de belles plantes et intégrez des éléments artistiques sur vos murs.

- Sauvegardez régulièrement vos fichiers importants sur un disque dur, en cas de problème.

- Assurez-vous également d'avoir un siège confortable qui soutiendra correctement votre dos et votre cou.

- Assurez-vous que vos pieds sont bien au sol ou sur un repose-pied.

- Assurez une bonne aération dans votre bureau de travail.

- Assurez-vous d'avoir une connexion Internet fiable pour effectuer des appels, visionner des vidéos.

- Choisissez un bureau de travail suffisamment grand pour accueillir tout votre équipement.

- Mettez en place des classeurs de rangement efficaces pour vos documents importants.

- Vérifiez que votre bureau soit en hauteur pour travailler confortablement.

- Ayez un dossier sur votre chaise qui soutient votre dos.

- Gardez votre ordinateur et vos applications à jour, car ils seront essentiels à votre travail.

- Gardez vos équipements et vos outils à portée de main.

- Assurez-vous d'avoir une connexion Internet fiable qui vous permettra de passer des appels vidéo.

- Choisissez un bureau de travail spacieux pour accueillir tout votre matériel.

- Organisez vos documents importants dans des classeurs.

- Votre bureau doit être à la bonne hauteur pour travailler dans de bonnes conditions.

- Posez un dossier sur vos chaises qui soutiendra correctement votre dos.

- Gardez votre ordinateur et vos applications à jour, car ils seront essentiels à votre travail.

- Ayez près de vous tous vos outils et fournitures.

- Stockez les matériaux et l'équipement dans un endroit sec protégé des dommages et des utilisations abusives.

- L'équipement doit être éteint lorsqu'il n'est pas en service.

- La température et l'éclairage doivent être adaptés.

- Vous devez avoir suffisamment de lumière pour lire confortablement.

- Fermez la porte de votre bureau pour vous isoler.

- Des lampes artificielles doivent être utilisées pour fournir un éclairage adéquat.

IV. QUELQUES CONSEILS POUR TRAVAILLER À DISTANCE

CONSEIL SUR L'ORGANISATION

- Organiser votre bureau est essentiel pour rester efficace.

- Si vous avez des enfants, trouvez dans votre maison un emplacement tranquille pour travailler sans être interrompu.

- Choisissez un environnement calme pour ne pas être dérangé.

- Profitez des moments de silence, comme lorsque vos enfants sont à l'école, pour vous concentrer sur votre travail.

- Si vos enfants sont plus jeunes, organisez-vous pour travailler pendant leur sieste.

- Favorisez un environnement serein et définissez des plages horaires dédiées à votre activité, distinctes de votre vie privée.

- Informez vos proches de vos moments de travail.

- Définissez un planning qui vous correspond.

- Respectez rigoureusement vos horaires de travail.

- Respectez vos périodes de repos et vos temps occupés.

- Utilisez judicieusement le courrier électronique.

- Aménagez un espace dédié aux réunions en visioconférence, avec une caméra.

- Établissez un inventaire des tâches à effectuer et cochez-les une fois terminées en fin de journée.

- Anticipez le travail du lendemain la veille, de façon à être opérationnel pour la première activité dès le matin.

- Fixez-vous des buts à accomplir.

- Respectez des horaires réguliers d'arrivée et de départ, comme vous le feriez au bureau.

- Examinez votre liste de tâches en début de semaine et planifiez vos activités.

- Établissez un emploi du temps et respectez-le.

- Structurez votre journée de la même manière que si vous étiez au bureau.

CONSEIL SUR LE BIEN-ÊTRE

- Faire de l'activité physique régulièrement.

- Travailler dans un environnement collaboratif.

- Voir ses amis de manière régulière

- Discutez au téléphone tout en vous déplaçant dans votre domicile.

- Quittez son poste pour déjeuner pendant 30 minutes.

- Acquérir un casque avec fonction mains libres.

- Quittez votre résidence et promenez-vous à proximité avant de reprendre vos tâches.

- Marquez des temps de repos dans la journée pour éviter la lassitude et les distractions.

- Un changement d'environnement de travail peut grandement améliorer votre productivité.

- Passez du temps avec d'autres personnes présentes à la maison.

- Préparez vos repas à l'avance, la veille de votre journée de travail.

- Programmez des alarmes pour vous lever et vous détendre régulièrement.

- Rendez l'accès à vos médias sociaux plus difficile.

- Mettez votre téléphone personnel en mode silence.

- Quand le temps le permet, effectuez vos appels téléphoniques en extérieur.

- Écoutez de la musique douce, propice à vos heures de travail.

- Habillez-vous élégamment.

- Préparez ou allez chercher du café.

- Quittez votre espace de bureau et effectuez quelques mouvements pendant une heure.

CONSEIL PRÉVENTIF

- Veillez à ce que vous disposez d'une connexion internet mobile de qualité en cas de panne électrique.

- Gardez deux ordinateurs distincts, l'un dédié au travail, l'autre à un usage personnel.

- Gardez un numéro de téléphone dédié.

- Cela facilite la gestion de votre vie quotidienne.

- Assurez-vous d'avoir l'équipement et les outils nécessaires avant de commencer le télétravail.

CONSEIL ÉCONOMIQUE

- Débranchez vos équipements électroniques lorsque vous ne les employez pas.

- Remplacez vos lampes par des LED, plus performantes sur le plan énergétique.

- Éteignez la climatisation ou le chauffage quand vous n'êtes pas présent.

- Choisissez des appareils économiques en énergie.

- N'imprimez du papier que lorsque c'est réellement nécessaire.

- Éteignez l'éclairage en sortant d'une pièce.

CONSEIL COLLABORATIF

- Établir des liens avec les membres de votre équipe.

- Partagez des agendas et des calendriers avec les membres de votre équipe.

- Définissez et communiquez les heures d'ouverture du bureau à vos collègues.

- Communiquez régulièrement avec vos collaborateurs pour préserver le lien et votre sentiment d'appartenance.

- Organisez des rencontres pour rester connecté et travailler avec votre équipe.

- Prendre part à des activités sociales.

- Rejoignez un groupe de réseaux destiné aux télétravailleurs.

- Maintenez un dialogue ouvert avec votre responsable.

- Informez votre responsable de l'avancement de vos travaux et n'hésitez pas à lui demander de l'aide si nécessaire.

CONSEILS POUR ATTIRER DES CLIENTS

- Élaborez un profil professionnel et captivant.

- Faites état de vos compétences.

- Détaillez votre expérience et vos réalisations.

- Publiez des exemples de services antérieurs pour que les clients puissent découvrir votre travail.

- Utilisez des mots-clés pertinents dans votre titre, votre description et vos tags afin que les clients trouvent aisément votre profil.

- Engagez-vous à fournir un service irréprochable.

- Répondez promptement aux sollicitations et aux interrogations.

- Soyez ouvert aux commentaires et aux critiques.

- Prenez en compte les commentaires pour affiner vos services et votre profil.

- Gardez une veille active sur les dernières tendances afin d'assurer la pertinence de votre offre.

- Présentez-vous avec une photo professionnelle.

- Un nom d'utilisateur qui véhicule votre identité de marque.

- Rédigez un résumé clair de vos activités, expliquant en quoi vous êtes le mieux placé.

- Soyez flexible dans votre approche.

- Proposez des services de qualité.

- Soyez attentif aux besoins de vos clients.

- Respectez vos délais de livraison.

- Soyez proactif.

- Répondez sans délai aux messages des clients potentiels.

- Offrez une garantie rassurante.

- Faites-vous connaître auprès des clients potentiels.

- Interagissez sur les forums et les groupes de discussion pour vous faire connaître sur ces plateformes de télétravail.

- Offrez des réductions ou des promotions exclusives pour attirer les clients novices.

- Développez une gamme de services complémentaires pour multiplier vos sources de revenus.

- Faites preuve de patience.

- Conservez un esprit positif.

- Mettez en évidence des photos de vos travaux.

- Fournissez des conseils dans votre domaine d'expertise.

- Fixez des prix compétitifs.

V. LES TÂCHES POUVANT ÊTRE FAIT EN TRAVAILLE À DISTANCE

En tant que Programmeurs Windev Webdev, voici une liste des tâches les plus populaires auprès des internautes, que vous pouvez réaliser à distance ou en télétravail.

Ajoutez cette liste dans la description de votre profil ou dans les services que vous proposez.

Cela vous aidera à attirer davantage de clients vers votre profil.

NB : **Respectez l'orthographe rigoureuse des termes listés ci-dessous, puisqu'il s'agit des mots-clés les plus prisés sur Internet.**

- graphe windev programmation

- windev procédure

- windev intelligence artificielle

- rad windev
- installer windev
- groupware utilisateur windev
- programmer avec windev
- installer windev sur mac
- windev installation
- windev qr code
- webdev php
- webdev javascript
- application webdev
- installation webdev
- projet webdev
- graphique windev
- windev structure
- windev web
- webdev webservice

- graphe windev

- windev classe

- windev tableau croisé dynamique

- boucle windev

- tache parallèle windev

- bouton windev

- gestion commerciale windev

- application windev

- code windev

- jauge windev

- windev json

- windev interrupteur

- windev gestion commerciale

- menu contextuel windev

- fenêtre interne windev

- indirection windev

- installation windev

- windev menu

- windev clé composée

- windev hyperfile

- zone répétée windev programmation

- windev combo table

- application windev mobile

- windev etat interne

- page interne webdev

- windev gds

- webdev reddit

- webdev roadmap

- webdev github

- serveur d'application webdev

- webdev login

- webdev css

- webdev forum
- webdev react
- ajax webdev
- webdev docker
- javascript webdev
- webdev lighthouse
- webdev blog
- webdev html
- bootstrap webdev
- webdev https
- webdev intégration
- webdev mysql
- webdev popup
- webdev page interne
- webdev planning
- popup webdev

- php webdev

- webdev responsive

- site webdev

- timer webdev

- webservice webdev

- webdev zone répétée

- webdev awp

- webdev ajax

- apache webdev

- webdev ftp

- hébergement webdev ovh

- installer serveur d'application webdev

- iis webdev

- webdev jquery

- jauge webdev

- linux webdev

- webdev menu dynamique

- webdev mac

- menu webdev

- webdev synchronisé navigateur

- responsive webdev

- webdev saas

- webdev session

- webdev timer

- webdev tableau

- webdev upload

- webdev ubuntu

- webdev video

- webdev wiki

- web development xml

- webdev zoning

- windev mobile hfsql client/serveur

- windev mobile ios

- windev mobile java

- windev mobile mysql

- windev mobile apk

- windev mobile bluetooth

- windev mobile base de données

- windev mobile connexion base de données

- windev mobile gps

- windev mobile geolocalisation

- windev mobile json

- windev mobile connexion mysql

- windev mobile notification push

- replication windev mobile

- windev mobile sqlite

- windev mobile sdk android

- windev mobile sql server

- zone répétée windev mobile

- windev login utilisateur

- windev web service

- windev ruban

- windev tableau

- windev gestion de stock

- gestion de stock windev

- windev état

- windev framework

- poo windev

- windev thread

- webservice windev

- zone répétée windev

- api windev

- windev base de données

- windev jauge

- planning windev

- windev tableau associatif

- gds windev

- interrupteur windev

- json windev

- windev mac

- menu windev

- windev python

- windev sql

- sql windev

- tableau associatif windev

- windev xml

- windev fenêtre interne

- windev indirection

- windev liste

- windev socket

- windev timer

- ftp windev

- groupware windev

- windev requete sql

- requete windev

- structure windev

- windev table hierarchique

- windev webservice

- windev whatsapp

- windev zone répétée

- windev api rest

- envoi mail windev

- windev ftp

- windev git

- windev github

- windev ia

- windev java
- procedure windev
- windev requete
- wlangage windev
- windev json vers tableau
- windev sftp
- windev websocket
- webservice rest windev
- windev imprimer état par programmation
- windev jeton
- windev jauge de progression
- windev remplir table par programmation
- windev remplir combo par programmation
- windev zone répétée programmation
- windev zone multiligne
- windev ubuntu

- windev workflow

- webdev paiement en ligne

- windev tableau de structure

- windev graphe par programmation

- windev rupture par programmation

- installer windev sur linux

- windev gestion des erreurs

- webdev bootstrap

- webdev iis

- webdev python

- webdev apache

- webdev ovh

- webdev site

- webdev ssl

- windev mobile hfsql client serveur

- windev mysql

- windev programmation

- windev états et requêtes

- windev hfsql

- windev map

- windev odbc

- github windev

- hfsql linux

- hfsql windev

- python windev

- websocket windev

- windev cloud

- windev docker

- whatsapp windev

- windev c#

- windev c++

- windev sharepoint

- windev soap

- as400 windev

- blockchain windev

- connexion mysql windev

- html windev

- publipostage windev

- rgpd windev

- windev as400

- windev azure

- windev blockchain

- windev camera ip

- windev connexion hfsql

- windev delphi

- windev domotique

- windev dotnet

- windev email html

- windev oracle

- windev prestashop

- windev raspberry

- windev rgpd

- windev sap

- windev serveur hfsql

- windev site web

- windev smtp

- windev ssh

VI. LES OUTILS POUR LE TRAVAIL À DISTANCE

Des outils pratiques vont faciliter vos travaux à distance Voici ci-dessous la liste de ces outils et les liens vers les éditeurs.

1 - Outils de gestion de projet

Trello

Trello est un logiciel en ligne qui vous permet de visualiser rapidement l'avancement du projet. Trello peut facilement créer un espace visuel pour organiser et suivre l'avancement du projet.

Lien : https://www.trello.com/

Asana

Asana est une solution de gestion de projet collaborative en ligne gratuite.

Vous trouverez également une liste des collaborateurs de l'équipe. Ici, vous pouvez organiser la réalisation des tâches ou les déléguer à des employés ou à des équipes.

Lien : https://www.asana.com/fr

2 – Les outils d'accès à distance

TeamViewer

TeamViewer est un logiciel de télétravail créer pour relier des machines ; il permet aux utilisateurs d'utiliser leurs ordinateurs à distance quelques soit l'endroit. Il facilite les vidéoconférences et de partager les écrans d'ordinateurs pour une prise à main à distance dans le monde entier.

Lien : https://www.teamviewer.com/fr/

Remote PC

PC Remote est un programme informatique qui permet de travailler à distance. Il n'a aucun effet sur les performances l'ordinateur distant.

Lien : https://www.remotepc.com/

3 -Les outils de transfert de fichier

Google Drive

Google Drive est un service de stockage de fichiers. Cet espace de stockage accessible via votre compte Google vous pouvez directement créer et éditer des fichiers tout type

Lien : https://www.google.com/intl/fr/drive/

Dropbox

Pour coopérer avec les autres, vous auriez besoin de Dropbox qui vous fera bénéficier d'un espace stockage accessible partout dans le monde.

Lien : https://www.dropbox.com/

4 – Les outils d'appels vidéo et de partage d'écran

Zoom

zoom est un programme   permettant d'utiliser tout support multimédia, pour faire de la vidéos à distance Partout dans le monde avec plusieurs participants

Lien : https://www.zoom.us/

Jitsi Meet

Jitsi est une solution de visioconférence gratuite. Jitsi Meet, vous permet d'organiser des réunions sur Internet, grâce à un lien entièrement crypté, vous permet de communiquer avec les membres distants.

Lien : https://meet.jit.si/

VII. COMMENT TROUVER DU TRAVAIL À DISTANCE

Pour viser du travail à distance, vous avez la possibilité d'adhérer a de nombreux sites de travail à distants en Windev Webdev. Ces sites produisent des milliers d'activités aux développeurs Windev Webdev indépendants à l'international. Les développeurs Windev Webdev indépendants obtiennent de réel bénéfice grâce à ces sites de télétravail.

Ces bénéfices sont :

- résolution de conflits, protections des paiements et contrats
- Le gain de temps concernant la recherche de missions

Chaque plateforme de télétravail à son système de fonctionnement, le principe est de relier les développeurs Windev Webdev indépendants à des entreprises.

Les frais totaux de l'adhésion sur les plateformes de travail à distant.

Il existe 2 modes de tarifications distinctes :

La tarification gratuite : Il permet d'adhérer gratuitement sans débourser de frais. Habituellement, les frais totaux sont supportés par l'entreprise.

La tarification mensuelle : Cela permet de trouver des missions en payant XX euros par mois.

Le taux de rémunération de la plateforme de travail à distant

Les taux de rémunération varient de 0 % à 20 % du montant total versé par le client aux développeurs Windev Webdev indépendants.

Tout dépend de la stratégie méthode de chaque plateforme.

Les types de mise en relation qui existent sur les plateformes de télétravail.

1 - les mises en relation des développeurs Windev Webdev indépendants avec les clients

Les développeurs Windev Webdev indépendants reçoivent la requête du client puis exécute le travail demandé.

Les développeurs Windev Webdev indépendants ont le libre choix de poser des questions aux clients pour percevoir des informations supplémentaires sur la demande du client.

2 - les mises en relation des clients avec les indépendants

Le client consulte les services des développeurs Windev Webdev indépendants et commande des prestations équivalentes à sa recherche.

Les clients peuvent choisir de demander aux développeurs Windev Webdev indépendantes des informations détaillées sur les prestations qu'elles produisent.

Cependant, j'ai sectionné 40 sites Web de travail à distance à travers le monde. Certains sites utilisent le français, tandis que d'autres utilisent l'anglais. Ils sont illustrés par types, par méthode.

VIII. LISTE DES SITES OFFRANT DU TRAVAIL À DISTANCE

1. Malt

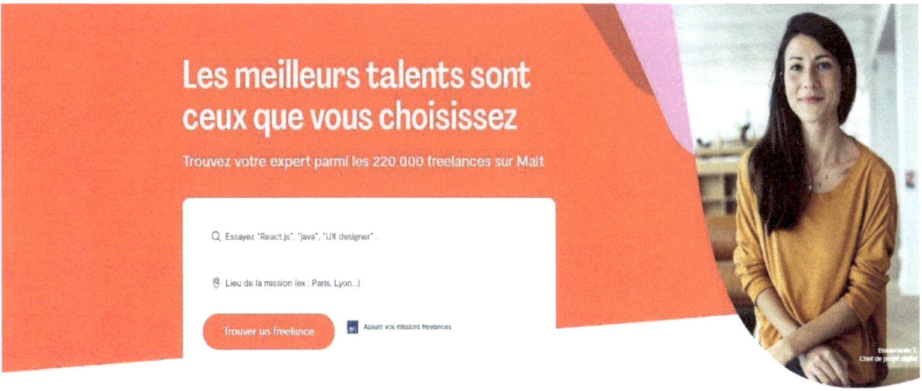

Malte à une place considérable dans le domaine de plateforme de mise en relation.

Vous trouverez une place en tant que développeurs Windev Webdev indépendants, votre réseau s'élargira sur de longs termes.

https://www.malt.fr/

2.404works

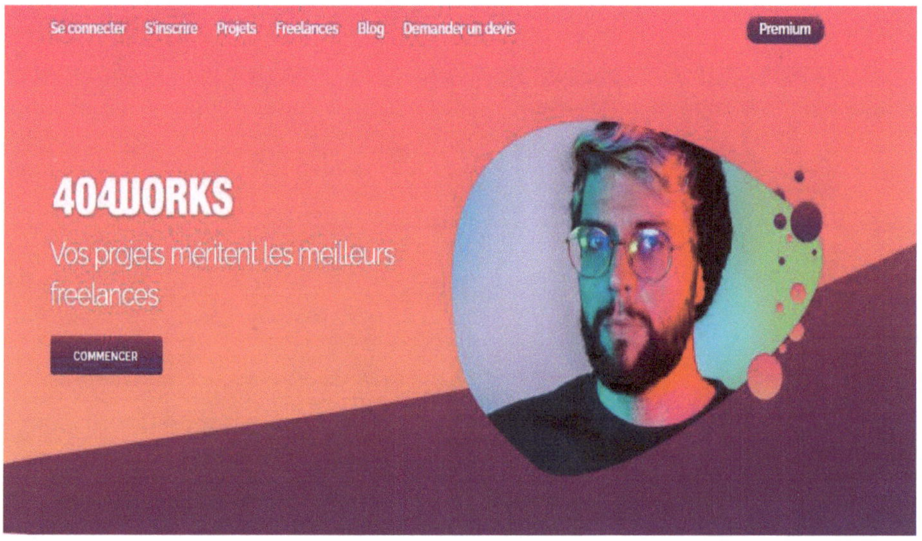

404works est un site de Développeurs Windev Webdev français, peut connu, vous avez donc plus de chance d'être engagé. De groupes influents tels que carrefour ou LVMH leur font confiance, vous pouvez ainsi également le faire.

https://www.404works.com/fr

3. Codeur

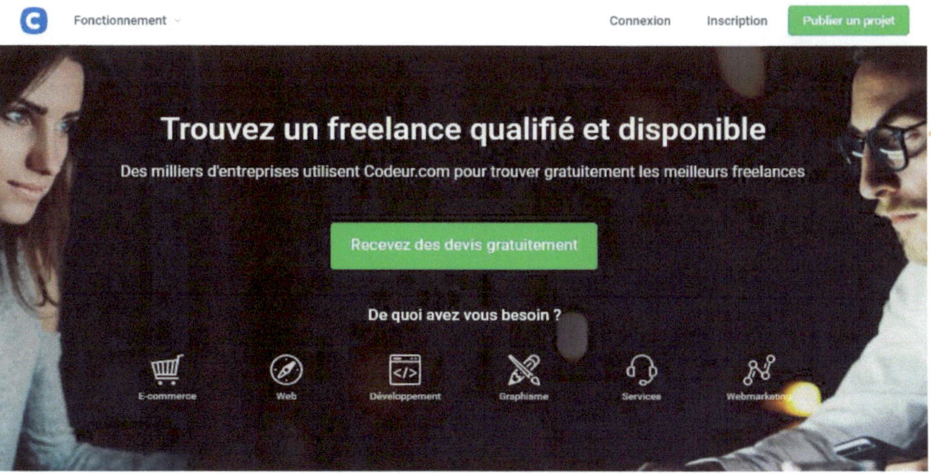

Un site qui permet de trouver les Développeurs Windev Webdev en quelques minutes. Vous déposez vos services en quelques minutes gratuitement.

https://www.codeur.com/

4.Upwork

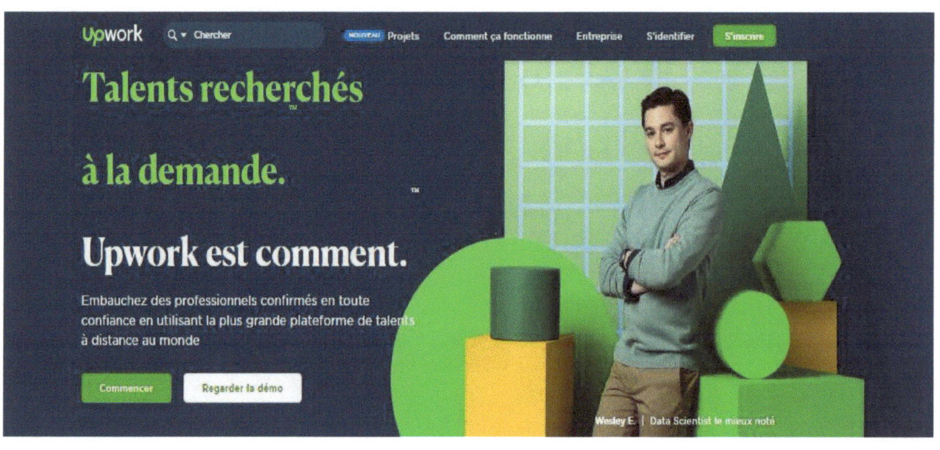

Upwork est une plate-forme mondiale indépendante où les entreprises et les développeurs Windev Webdev se connectent et collaborent à distance.

Vous vous inscrivez et sélectionnez des projets dans votre domaine d'intérêt.

Vous négociez avec le client un coût de projet fixe, il peut être divisé en paiements par étape.

Vous négociez un tarif horaire avec le client et suivez votre temps avec le suivi Upwork pendant que vous travaillez.

https://www.upwork.com/

5. Comeup

Le site Comeup présente l'occasion de développer vos compétences.

Si vous souscrivez à un abonnement de 5 euros par mois, le site n'obtient qu'une commission de 1 euro sur chaque vente.

https://www.comeup.com/fr/

6.Humaniance

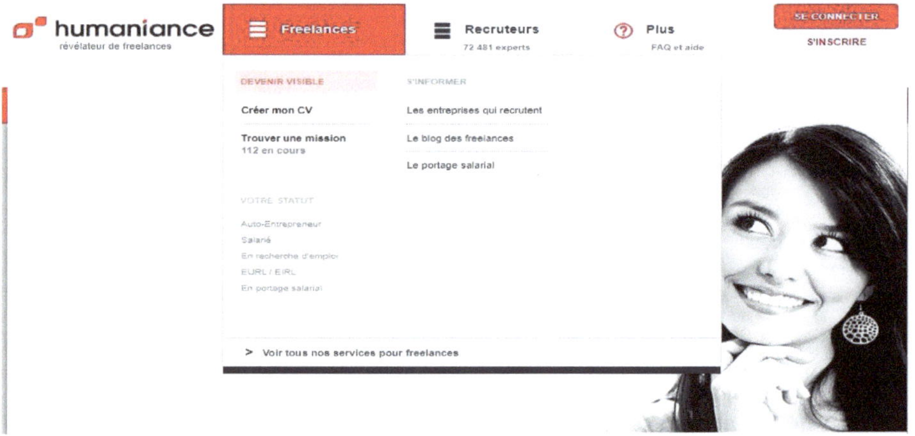

Humaniance assistera forcément les clients qu'il vous faut. En plus, vos futurs clients sont complètement fiables, car chaque nouveau profil est vérifié manuellement.

http://www.humaniance.com/

7.Les bons freelances

Trouvez le bon freelance
pour votre projet

Plus de **5 000 freelances** à l'écoute. Simple et direct.

Voir les freelances

Déposer une mission

Les bons freelances permettent de renforcer votre visibilité et de trouver des clients. Vous Répondez aux missions pour Développeurs Windev Webdev qui vous intéressent et vous obtenez directement des demandes de nouveaux clients. L'inscription est gratuite et il n'y a aucune commission.

https://www.lesbonsfreelances.com/

8. Twago

Twago met en relation entreprise et développeurs Windev Webdev dans de nombreux domaines. Vous n'avez qu'à décrire votre projet puis des experts vous enverront.

https://www.twago.fr/

9.Fiverr

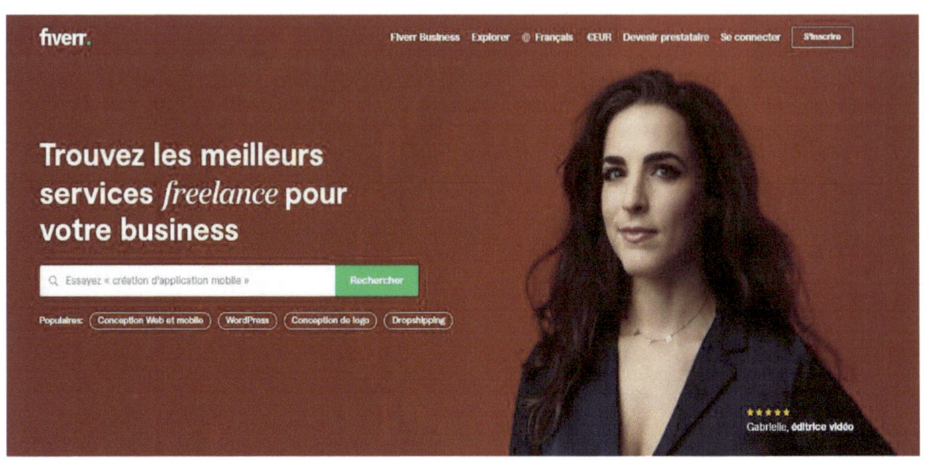

Fiverr est une plateforme qui réunit les offres des développeurs Windev Webdev et les demandes des entreprises qui veulent acheter des services.

Le paiement est remis aux développeurs Windev Webdev que lorsque le client est satisfait.

https://fr.fiverr.com/

10. Guru

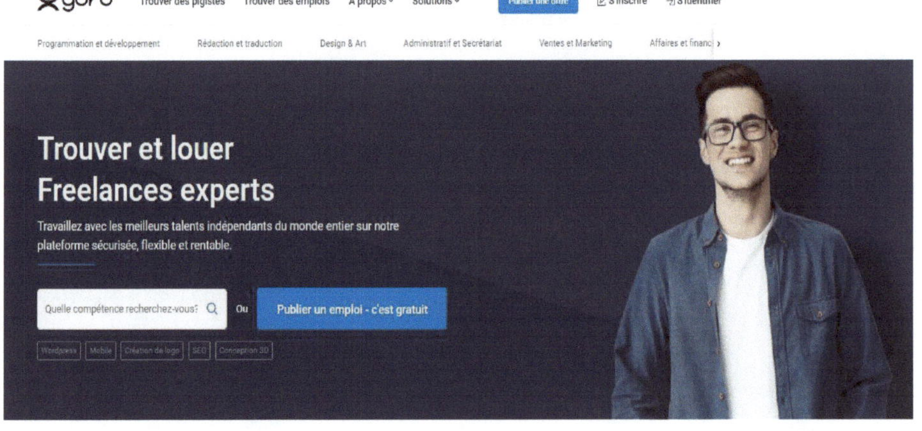

Guru met en relation les développeurs Windev Webdev avec des clients. Le client choisi le meilleur devis proposer par plusieurs développeurs Windev Webdev.

Guru fournit la protection de paiement et vous pouvez désigner plusieurs conditions de paiement, c'est-à-dire : toutes les heures, basées sur les tâches, ou paiement récurrent.

https://www.guru.com/

11. Talent hubstaff

Talent hubstaff regroupe les développeurs Windev Webdev du monde entier. Vos clients vous viennent de partout le monde. Vous pourriez rapidement créer une équipe de développeurs Windev Webdev à distance sans aucuns frais ni majoration.

https://talent.hubstaff.com/

12. Workingnomads

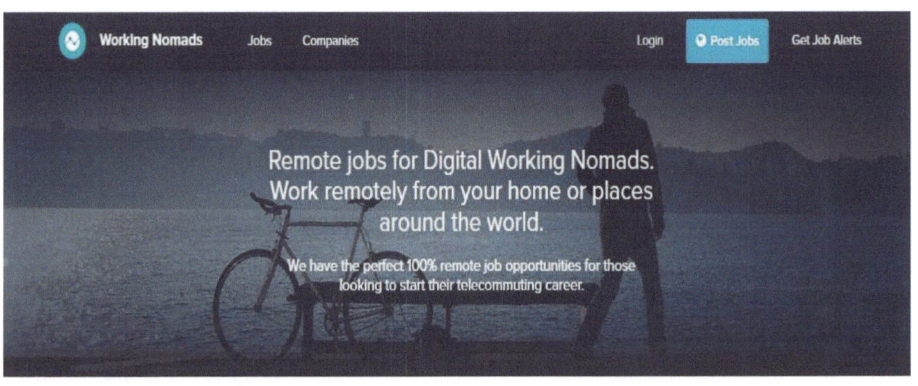

Workingnomads est une plateforme mondiale qui propose des missions à distance. Elle met en contact les experts du télétravail avec des entreprises.

Elle est gratuite pour les freelances de s'inscrire. Un contact direct est établi avec le futur client.

En revanche, Workingnomads prend des frais de l'entreprise qui diffuse les offres missions.

https://www.workingnomads.com/

13.Peopleperhour

PeoplePerHour est un site qui possède une variété de missions répertoriés. Chez PeoplePerHour, vous pouvez publier vos propres services, en tant que Développeurs Windev Webdev.

https://www.peopleperhour.com/

14. Remote

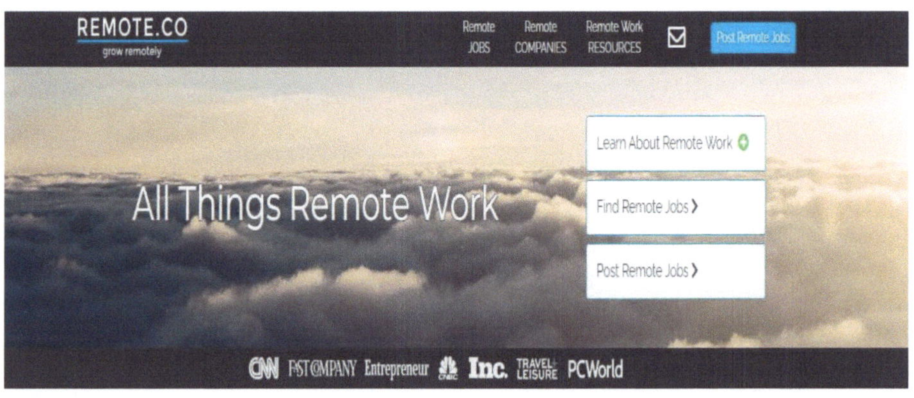

Les professionnels de différents secteurs peuvent travailler

à distance avec Remote.co. Il met en contact les freelances

et les entreprises. L'inscription est sans frais pour les freelances.

La plateforme à une renommée mondiale.

https://www.remote.co/

15.Pacayo

Pacayo vend en ligne vos services de développeurs Windev Webdev pour votre entreprise.

https://www.pacayo.com/

16. Befreelancr

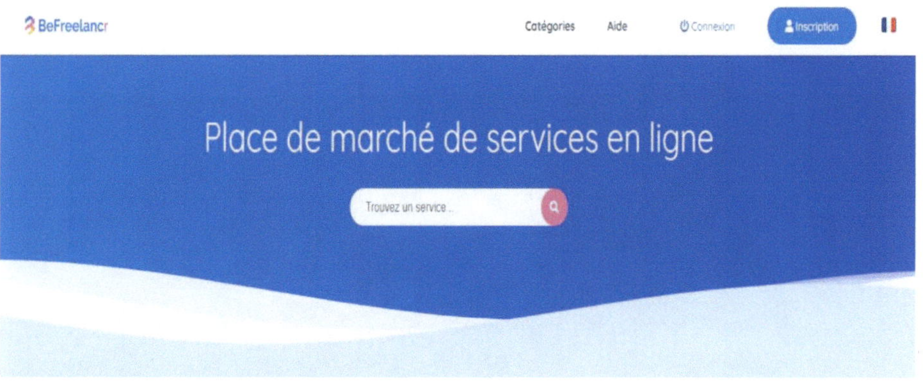

BeFreelancr est une plateforme en ligne pour les freelances.

Vous pouvez vous inscrire gratuitement et promouvoir vos services. BeFreelancr demande une commission de 60 % pour chaque prestation vendue. Vous pouvez retirer le montant disponible à tout moment, le paiement s'effectue par PayPal ou par virement bancaire.

https://www.befreelancr.com/fr

17. X-team

X-team propose des missions de développeurs Windev Webdev pour travailler à distance, avec les plus grandes marques mondiales. Faites vous payer par Xteam, après validation du client.

https://www.x-team.com/join/

18. Toptal

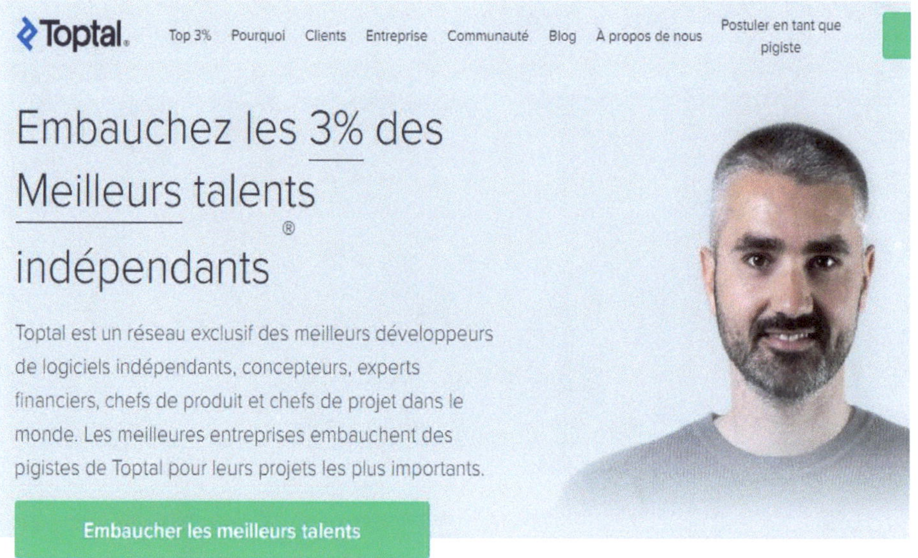

Toptal travaille partout à vos conditions. Vous pouvez travailler en tant que développeurs Windev Webdev depuis votre domicile, à l'autre bout du monde.

https://www.toptal.com/

19. Truelancer

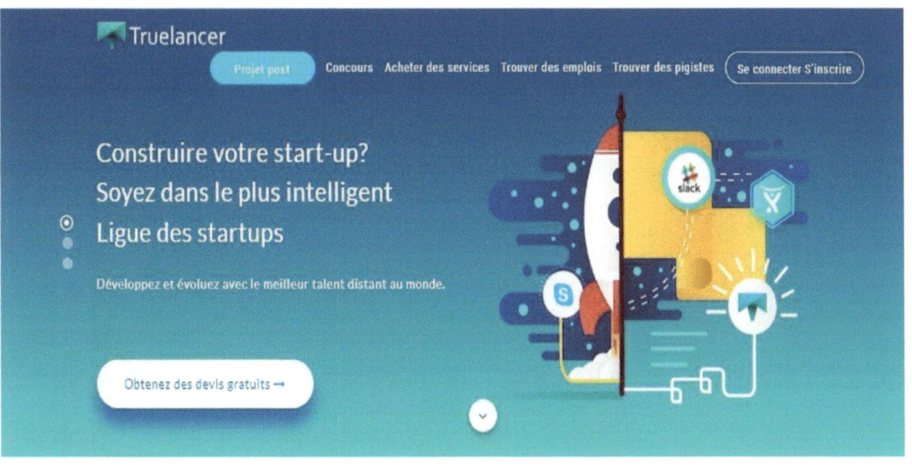

Truelancer est une plateforme en ligne permettant aux développeurs Windev Webdev et aux clients de collaborer, de travailler ensemble. Leur vision est d'établir des relations de confiance à travers le monde.

https://www.truelancer.com/

20. Jobspresso

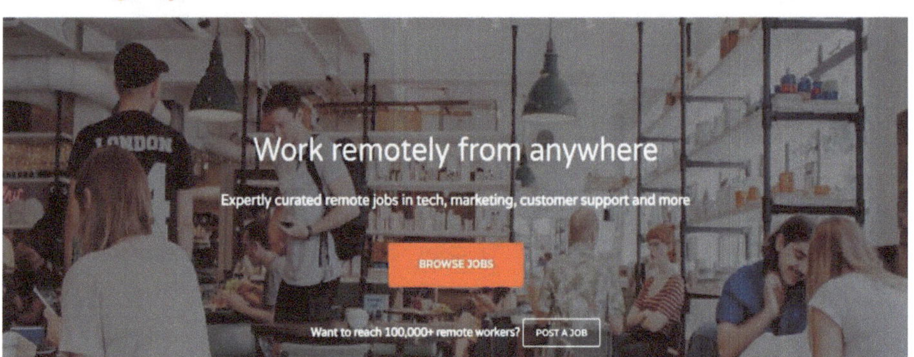

Jobspresso est une organisation mondiale basée au Canada.

Il offre des missions de télétravail aux freelances.

Le travail en tant que freelance est gratuit.

Vous serez contacté directement par l'entreprise après avoir soumis votre CV.

https://www.jobspresso.co/

21. Toogit

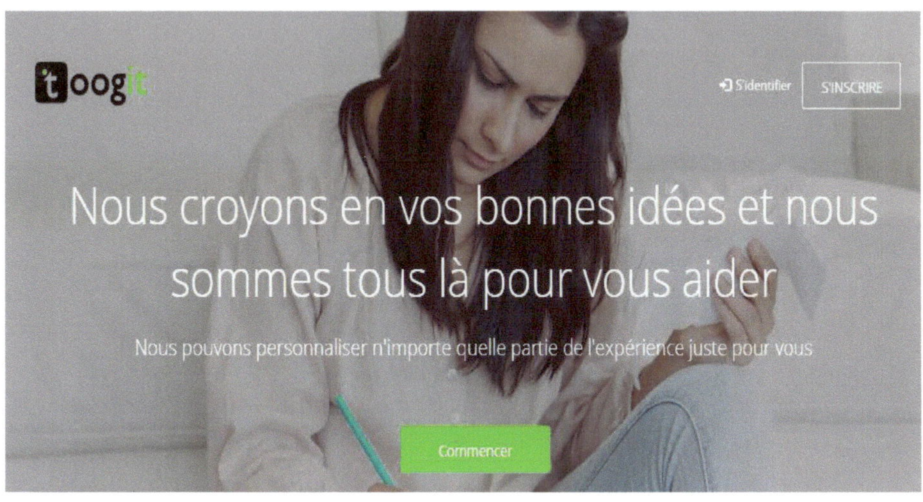

Toogit est un marché où les propriétaires de projets et les développeurs Windev Webdev travailler ensemble.

https://www.toogit.com/

22. Freelance

La société française Freelance.com permet aux clients et aux freelances de se mettre en relation. Il n'y a pas de frais d'inscription. Une fois votre profil validé, les entreprises vous contactent et établissent un devis.

Sur freelance.com, les clients paient une commission de 12,5 %.

Vous recevez votre paiement sous 24 heures suivant la fin de la mission.

https://www.freelance.com/

23. Kang

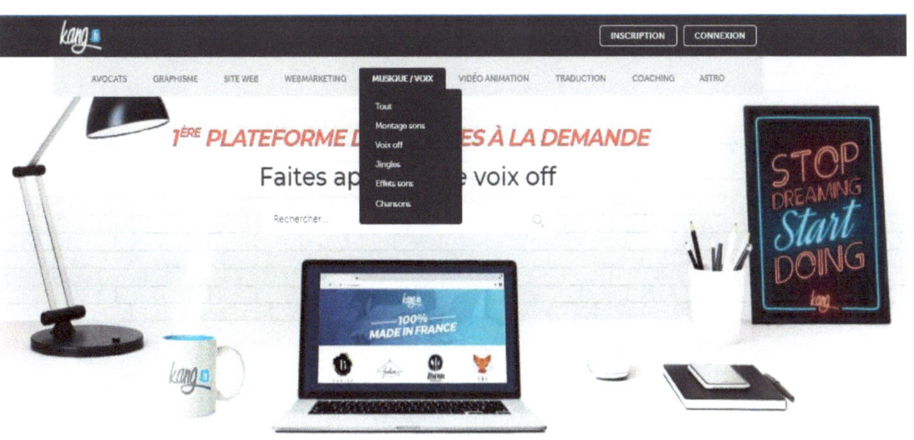

La plateforme vous permet d'inclure vos prestations de développeurs Windev Webdev en ligne.

https://www.kang.fr/

24. Stackoverflow

Avec les solutions Stack Overflow, vous pouvez être engagé comme développeurs Windev Webdev avec des outils conçus par des personnes obsédées par leur service. Le pays d'origine est les USA à New York.

https://www.stackoverflow.com/

25. Khdemti

La publication de vos prestations de développeurs Windev Webdev est entièrement gratuite, le choix d'un client est facultatif.

https://www.khdemti.com/

26. Freelance-info

Les contacts entre les développeurs Windev Webdev et les clients sont directs sur le site freelance-info. L'inscription est 100 % gratuit pour les développeurs Windev Webdev.

https://www.freelance-info.fr/

27. Littlebigconnection

L'entreprise mondiale LittleBigConnection trouve des missions pour les indépendants. L'inscription est gratuite, mais le site sélectionne les freelances au cours du processus.

Vous pouvez communiquer directement avec vos futurs clients et fixer librement les tarifs journaliers.

Par virement bancaire entre 3 à 5 jours après la prestation, le paiement sera effectué.

Les pigistes n'ont pas à payer de commissions, tandis que les clients le font.

En plus du tarif journalier du freelance, les clients paient 15 %.

https://www.littlebigconnection.com/fr/

28.Hackerearth

hackerearth

Les compétences révèlent ce que les CV ne peuvent pas

Pour les développeurs

Communauté

Pour les entreprises

Évaluations

Hackathons

Créez des solutions et gagnez gros en tant que développeurs Windev Webdev.

Résolvez les problèmes du monde réel et les défis commerciaux.

Remportez des récompenses passionnantes.

https://www.hackerearth.com/

29.Codementor

Codementor vous permet de discuter avec les clients et trouver un bon ajustement. Vous discutez de votre travail avec les clients intéressés pour voir s'il convient merveilleusement.

https://www.codementor.io/

30.Airjob

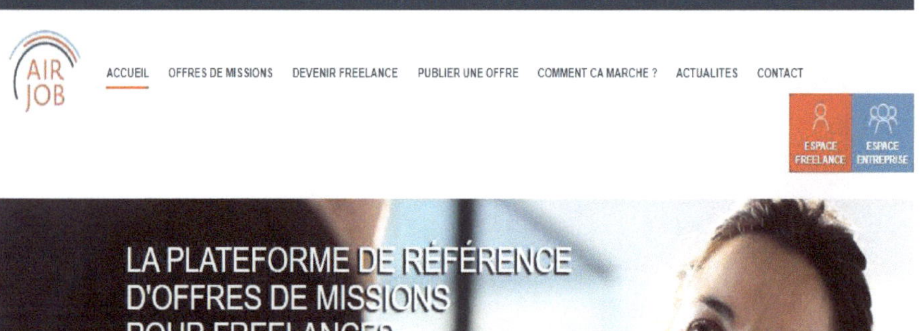

Vous pouvez sans même avoir créé de compte navigué à travers le site et rechercher les différentes missions de développeurs Windev Webdev qui pourraient vous plaire.

Une fois, vos missions ciblent repérées, il vous suffit simplement de vous inscrire pour pouvoir postuler. Vous aurez ainsi à renseigner en quelques secondes de très simples informations afin d'être mis en contact avec les entreprises qui vous intéressent.

https://www.airjob.fr/

31.Comet

Rejoindre la communauté comet, c'est accéder en toute sécurité à des missions de développeurs Windev Webdev correspondant, mais aussi bâtir le futur de votre travail.

https://www.comet.co/

32.Creativ

CreativLink est un simple moteur de recherche de missions pour les développeurs Windev Webdev.

https://www.creativ.link/

33.Skillvalue

Skillvalue permet de trouver des projets pour développeurs Windev Webdev.

https://www.skillvalue.com/

34.Talent

talent.io

Trouvez le job tech que vous méritez

Le moyen le plus simple de trouver votre prochain job tech, en CDI, freelance ou en stage

Inscrivez-vous gratuitement en quelques minutes en tant que développeurs Windev Webdev.

Vous êtes payé sous 14 jours, Fini les factures impayées des projets de qualité.

https://www.talent.io/fr/

35. Xxe

Rejoignez le plus grand réseau d'expertise développeurs Windev Webdev en France. Plateforme gratuite sans intermédiaire et sans commission.

https://www.xxe.fr/

36. Golance

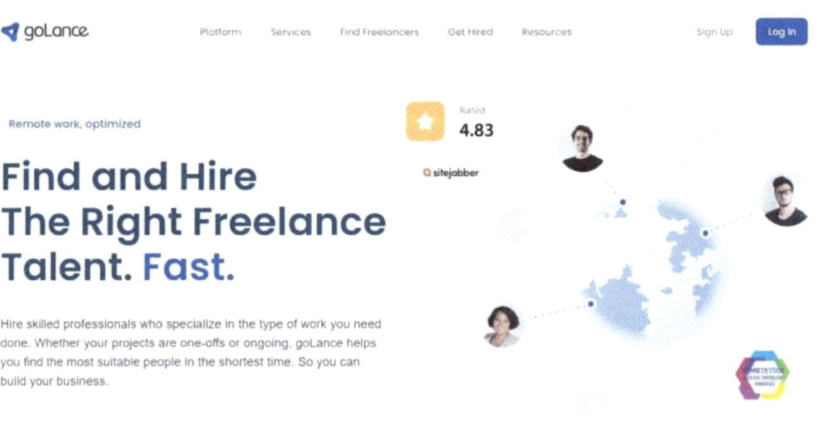

Golance est une plateforme mondiale honnête qui partage à parts égales l'expérience des clients et des indépendants.

Vous pouvez postuler pour autant de missions que vous le souhaitez et l'inscription est gratuite.

Golance facturera 7,95 % en plus sur les ventes de vos services.

Pour évaluer la qualité du travail du prestataire, 5 jours de vérification cliente s'imposent.

Ensuite, le site paiera le pigiste par carte de crédit, virement bancaire ou crypto-monnaie.

https://www.golance.com/

37. Zeerk

Zeerk est un site de télétravail. Il est destiné aux développeurs Windev Webdev et clients du monde entier. Ils favorisent la mise en relation entre développeurs Windev Webdev et entreprises. Les méthodes de paiement sont PayPal. La commission de leur prestation est de 10 %. Ils facturent une commission de 10 % sur vos prestations sans attente et vous êtes payé le jour de votre prestation.

https://www.zeerk.com/

38. Fourerr

Fourerr est un endroit où vous pouvez vendre vos prestations de développeurs Windev Webdev en ligne et gagner de l'argent.

https://www.fourerr.com/

39. Pixelclerks

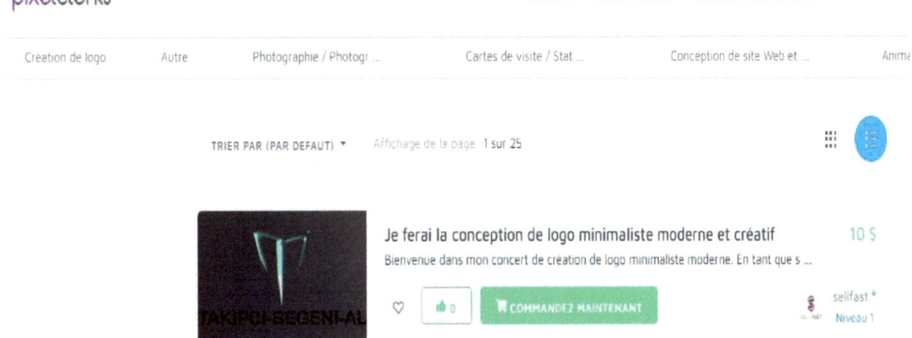

PixelClerks est un marché indépendant pour les développeurs Windev Webdev.

https://www.pixelclerks.com/

40. Freelance-informatique

Freelance-informatique est une compagnie de France qui relie les entreprises et les consultants indépendants.

Les freelances peuvent s'inscrire gratuitement, il y a une grande variété de mission à temps plein et à long terme.

Les liens entre les entreprises et les indépendants sont directs.

Les freelances reçoivent directement de l'argent des entreprises pour leurs services.

https://www.freelance-informatique.fr/

CONCLUSION

Le télétravail agrandira votre chiffre d'affaires. Ainsi donc, vous conserverez les frais et uniquement de logement et les frais actuels. Cela vous donnera des clients mondiaux, et seulement une bonne préparation pourra vous faire avoir du succès.

Tous ces sites nommer dans cet écrit et toutes les présentations détaillées vous permettront de vous concentrer sur votre travail.

A Propos de l'auteur

Je suis Ali Diak et je suis professionnel webmaster, développeur web, concepteur web, développeur Webdev, Prestashop et Wordpress.

Depuis plus de 12 ans, je suis indépendant, j'aide les entreprises et les particuliers dans toutes leurs activités en ligne.

Mon travail consiste à accompagner tous les freelances dans la recherche de la solution adaptée à leurs problématiques professionnelles, lié à Internet sur toute la planète.

Ce livre servira de guide aux personnes indépendantes mais souhaitant se consacrer à leur travail sans prendre le temps à rechercher des informations en ligne.

Demande Avis

Avez-vous passé un précieux temps sur ce livre ?

Laissez-nous un commentaire, votre avis nous intéresse.

Email : issacar.edition@gmail.com

Biographie Auteur

Ali Diak a suivi des cours d'informatique et de mathématiques dès l'âge de 6 ans.

Elle a dispensé des cours de mathématiques à des enfants, des adolescents et des adultes de tous les âges.

Depuis 13 ans, elle est à la tête d'une entreprise spécialisée dans l'informatique pour les entreprises et les individus.

Ses expériences professionnelles lui ont permis d'identifier divers problèmes liés au web.

Ces initiatives lui permettent de trouver des solutions.

Elle est aussi écrivain et a publié son premier ouvrage

Qu'est-ce qu'un blog ? En 2018.

Depuis, elle profite des occasions pour publier des livres pour soutenir les lecteurs et les utilisateurs d'Internet.

Chaque site web offre une navigation facile et sécurisée sur Internet.

La même méthode a été utilisée par Ali Diak pour évaluer l'authenticité de chaque site mentionné dans ces ouvrages comme guide ou annuaire.

Et il examinera régulièrement l'état de ces sites.

Très engagée dans le domaine de l'édition du livre, elle est la fondatrice du site Internet « issacaredtion.com », qui regroupe l'ensemble de ses ouvrages.

On peut actuellement acheter plusieurs livres sur cette plateforme.

Ali Diak vous incite à vous abonner et à la suivre sur différentes pages pour être informé des prochains livres.

Livres de l'auteur

Ali Diak est également un auteur très productif qui a écrit de nombreux autres ouvrages.

Les autres livres sont sur la plateforme ou le site internet où vous l'aviez acheté.

- Annuaire télétravail pour Ecrivains indépendants 41 sites indispensables

- Annuaire télétravail pour Traducteur indépendant 43 sites indispensables

- Annuaire télétravail pour Comptables indépendants 34 sites indispensables

- Annuaire télétravail pour Secrétaires indépendants 35 sites indispensables

- Annuaire télétravail pour Transcripteurs indépendant 39 sites indispensables

- Annuaire télétravail pour Informaticiens indépendants 45 sites indispensables

- Annuaire télétravail pour Développeurs WinDev Webdev indépendants 40 sites

- Annuaire télétravail pour Programmeurs développeurs indépendants 44 sites indispensables

- Annuaire télétravail pour Graphistes Infographe indépendants 49 sites indispensables

- Annuaire télétravail pour Testeurs en informatique indépendants 41 sites indispensables

- Annuaire télétravail pour Photographe indépendants 37 sites indispensables

- Annuaire télétravail pour Musiciens indépendants 32 sites indispensables

- Annuaire télétravail pour Vidéastes indépendants 43 sites indispensables

- Qu'est-ce qu'un blog